Carmen

De la novela al libreto

Adaptación didáctica, notas y actividades por
Margarita Barberá Quiles

Redacción: Daniela Ottelli
Diseño y dirección de arte: Nadia Maestri
Gráfica al ordenador: Maura Santini
Ilustraciones: Duilio Lopez
Búsqueda iconográfica: Laura Lagomarsino

© 2006 Cideb

Primera edición: abril 2006

Búsqueda iconográfica: página 4: Musée de la Ville de Paris,
Musée Carnavalet, Paris, France Giraudon/Bridgeman Art
Library; páginas 46-47-48-49-50-51: Consorcio de Turismo, Sevilla;
página 74: J. Bouthillier; página 78: Roger-Viollet, Paris.

El Editor queda a disposición de los propietarios de derechos que no
ha sido posible encontrar y por eventuales omisiones o errores de
atribución.

Para cualquier sugerencia o información se puede establecer
contacto con la siguiente dirección:

www.cideb.it

CISQ CISQCERT
TEXTBOOKS AND
TEACHING MATERIALS
The quality of the publisher's
design, production and sales processes has
been certified to the standard of
UNI EN ISO 9001

ISBN 978-88-530-0331-7 Libro + CD

Impreso en Italia por Litoprint, Génova

Índice

Prosper Mérimée   4

CAPÍTULO **1**   Un tal Don José   8

CAPÍTULO **2**   Carmen   23

CAPÍTULO **3**   Fechorías y contrabando   34

CAPÍTULO **4**   ¡En guardia!   53

CAPÍTULO **5**   En un desfiladero solitario   64

Carmen
De la novela al libreto   77

DOSSIER   Sevilla la hechicera   46
Historia de la mantilla española   62
La corrida   74

PROYECTO **INTERNET**   6, 22

ACTIVIDADES   7, 17, 31, 42, 58, 70, 86

TEST FINAL   91

Texto integralmente grabado.

Este símbolo indica las actividades de audición y el número de la pista.

Prosper Mérimée
(1853)
por Simon Jaques
Rochard.

Prosper
Mérimée (1803-1870)

Prosper Mérimée nace en París en 1803, en el seno de una familia acomodada y cultivada, que le transmite el gusto por las letras y las artes. Realiza estudios y llega a ser abogado, frecuenta los salones literarios y se hace amigo de Stendhal. Espíritu brillante, comienza a escribir sus primeras *obras satíricas,* bastante apreciadas por el público. Más tarde se orienta hacia el *género histórico,* que gusta mucho en la época, y escribe una *Crónica del reinado de Carlos IX.*

Pero es sobre todo en el género de la *novela corta* donde Mérimée sobresale. Sus dotes de observación, su estilo claro, sobrio y conciso

le convierten en un maestro y le aseguran un gran éxito. *Tamango,*
Mateo Falcone, Le vase étrusque, La double méprise, son novelas de
diferente inspiración. *La Vénus d'Ille* pertenece al género fantástico,
que practica con talento.

En 1834, es nombrado inspector general de monumentos históricos, y
recorre Francia, así como numerosos países mediterráneos, en
particular España, país que le fascina. Sus recuerdos y los
documentos aportados de esos viajes, le van a inspirar numerosas
narraciones cortas, entre ellas, *Colomba* (viaje a Córcega) y *Carmen*
(viaje a España).

A su regreso a Francia, entra en la administración bajo Louis
Philippe. Más tarde, en el segundo imperio, se hace familiar a la
corte gracias a su amistad con la emperatriz Eugenia. Muere en
Cannes en 1870.

Del romanticismo al realismo

Se puede decir que Prosper Mérimée es el escritor que señala el paso
del romanticismo al realismo. Como a los escritores románticos, le
gustan los sentimientos fuertes, los personajes apasionados, lo
pintoresco, la fatalidad. Por otra parte, el género literario de la
narración corta, más breve y conciso que el de la novela, se alía
perfectamente con el estilo sobrio, las descripciones cortas y el gusto
por la anécdota. El hecho verdadero, descrito con precisión y
objetividad, hacen de él un escritor realista.

① Comprensión lectora

Di si las afirmaciones siguientes son verdaderas (V) o falsas (F).

		V	F
1.	Prosper Mérimée nace en una familia modesta.	☐	☐
2.	Sobresale en el género histórico.	☐	☐
3.	No practica el género fantástico.	☐	☐
4.	No le gusta España.	☐	☐
5.	Llega a ser familiar a la corte.	☐	☐
6.	Señala el paso del romanticismo al realismo.	☐	☐
7.	Le gustan los personajes apasionados.	☐	☐

 PROYECTO INTERNET

Haz una búsqueda en Internet sobre Prosper Mérimée.
Busca en "Prosper Mérimée, biografía, libros, citas".
▶ ¿Cómo se llaman sus padres?
▶ ¿Cuántos hermanos tiene?
▶ ¿Cuántas veces contrae matrimonio?
▶ ¿Durante qué periodo de su vida realiza varios viajes por España?
▶ ¿Habla español?

Busca en "Leer sus citas y frases" y da una cita.
Busca en "Guía de adaptaciones cinematográficas".
▶ ¿Cuántas versiones de Carmen se han llevado al cine?
▶ ¿De qué año es la más moderna?

Antes de empezar

1 He aquí las ciudades que vas a encontrar a lo largo de la historia.

2 A medida que leas, traza el itinerario que realizan los personajes.

CAPÍTULO **1**

Un Tal Don José

Al inicio del otoño de 1830, me encontraba en Andalucía para hacer investigaciones arqueológicas sobre el emplazamiento de Munda.

Un día, en la llanura de Cachena, cansado, muerto de sed y quemado por el sol, veo un prado que me anuncia un manantial[1].

En efecto, un arroyo[2] se pierde por el prado, proviene de una garganta estrecha de la sierra de Cabra. Doy algunos pasos y veo

1. **manantial** : fuente natural que brota de la tierra.
2. **arroyo** : río muy pequeño.

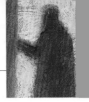

que la garganta se abre sobre un circo natural perfectamente sombreado.

El lugar es muy agradable, así que decido descansar allí; pero no estoy solo, hay un hombre, y parece dormir. Alertado por el ruido de los caballos, se levanta. Es un hombre joven, de apariencia robusta, de estatura mediana, con una mirada fiera y sombría. Su piel, por la acción del sol, es más oscura que sus cabellos. Le saludo con un gesto de cabeza familiar y le pregunto si he interrumpido su sueño. Me mira sin responder. Mi guía, al verle, comienza a palidecer [1]. Yo no me muestro inquieto, voy al manantial y bebo, después me tumbo en el prado y le pregunto si fuma:

—Sí señor —me responde.

Observo que no habla con acento andaluz y concluyo que es un viajero, como yo. Le ofrezco el mejor cigarro habano que me queda, y se pone a fumarlo placenteramente.

En España, un cigarro habano dado o recibido, establece relaciones de hospitalidad, así que empezamos a hablar de los lugares en que nos encontramos.

El sitio es tan encantador, que decido comer allí, e invito al extranjero a compartir mi comida.

Aparentemente, no ha comido desde hace tiempo porque devora el jamón como un lobo hambriento.

Cuando estoy a punto de partir, mi nuevo amigo, Don José, me pregunta dónde voy a pasar la noche. Le respondo que voy a la *venta* [2] *del Cuervo*.

---

1. **palidecer** : perder el color.
2. **venta** : albergue.

Carmen

—Mal sitio para una persona como usted, señor; si me permite acompañarle, haremos el camino juntos.

—De acuerdo.

Conozco bastante el carácter español, para estar seguro de no tener nada que temer de un hombre que ha comido y fumado conmigo.

Llegamos a la *venta*, que es verdaderamente miserable, pero curiosamente, la cena está muy buena. Nos sirven pollo con arroz, gazpacho y vino de Montilla [1]. Después de cenar, mi compañero coge una mandolina y comienza a cantar una melodía melancólica y extraña.

—Si no me equivoco, la melodía que acaba de cantar es vasca.

—Sí —contesta con aspecto triste.

Poco después, nos damos las buenas noches y nos vamos a dormir.

Al cabo de una hora, me despierto a causa de unas picaduras desagradables y me levanto, persuadido de que vale más pasar el resto de la noche al aire libre. Don José duerme profundamente.

Me instalo fuera sobre un banco de madera, cuando veo pasar delante de mí la sombra de un hombre y de un caballo. Es Antonio, mi guía. Salgo a su encuentro.

—¿Dónde está? —me pregunta Antonio en voz baja.

—En la venta, durmiendo. ¿Dónde va usted?

—¡Hable más bajo! —me dice Antonio—. ¿No sabe usted quién es ese hombre? Es José Navarro, el bandido más importante de Andalucía. ¡Todo el día he estado avisándole con gestos que usted no quería comprender!

---

1. **Vino de Montilla** : Vino de la región de Córdoba que tiene más cuerpo y es menos seco que el de Jerez.

—Bandido o no, ¿qué me importa?

—Hay doscientos ducados [1] para quien lo entregue. Conozco un puesto de guardia cerca de aquí, y antes del alba, vendré con soldados.

—¡Váyase al diablo! ¿Qué mal le ha hecho este pobre hombre para que le denuncie?

—Soy un pobre diablo, señor, y doscientos ducados ¡no son para perderlos! Pero tenga cuidado, si Navarro se despierta y coge su arma, ¡atención!

Antonio monta sobre su caballo, y desaparece en la oscuridad...

Estoy muy enfadado con mi guía y más bien inquieto. Después de un instante de reflexión, entro en la venta. Don José sigue durmiendo. Me veo obligado a sacudirle rudamente para despertarle.

—Señor, le pido perdón por haberle despertado, pero tengo que preguntarle algo. ¿Estaría usted tranquilo viendo llegar media docena de soldados?

Se levanta de un salto y dice con una voz terrible:

—¿Quién lo dice? ¡Ah, su guía! ¡Su guía me ha traicionado!

—Poco importa. ¿Tiene usted o no motivos para no esperar a los soldados?

—Adiós, señor. No soy tan malvado como usted cree...

—Tenga, puros habanos para el camino, y prometa no vengarse. ¡Buen viaje!

Le tiendo la mano. Me da la suya sin responder. Unos instantes más tarde, le oigo galopar por el campo. Me vuelvo a acostar pero no puedo dormir. Me pregunto si he hecho bien en

---

1. **ducado** : antigua moneda de oro.

salvar a un ladrón o quizá a un asesino, cuando veo llegar a Antonio con seis soldados. Me dirijo hacia ellos para decirles que el bandido se ha fugado desde hace más de dos horas.

Después de mi encuentro con Don José, voy a Córdoba para estudiar un manuscrito sobre la antigua Munda [1]. El documento se encuentra en la biblioteca del convento de los Dominicos, donde paso mis jornadas. Al atardecer, me paseo por la ciudad.

En Córdoba, existe una extraña costumbre: las mujeres suelen bañarse en el Guadalquivir al caer la noche. Un atardecer, mientras observo el espectáculo, como muchos otros hombres, una mujer se sienta a mi lado. Lleva un ramillete de jazmín en el cabello. Va vestida de negro, sobriamente. La mantilla [2] que cubre su cabeza, cae sobre sus hombros y me doy cuenta de que es menuda, joven, con buen tipo y que tiene ojos grandes. Comenzamos a hablar, y al cabo de un momento, la invito a tomar un helado. Acepta y me pregunta:

—¿De qué país es usted, señor?

—Soy francés, y usted ¿es de Córdoba?

—Vamos, vamos, ya ve que soy gitana. ¿Ha oído hablar de la Carmencita? Soy yo.

Una vela puesta en la mesa me permite examinar a mi gitana. No es una belleza perfecta pero es infinitamente más hermosa que todas las demás gitanas. Su piel no es clara, sino de un tono cobrizo [3], sus ojos ligeramente oblicuos, sus labios carnosos y

---

1. **Munda** : lugar de Sierra Morena, Andalucía.
2. **mantilla** : manto de blonda generalmente negro, con el que las españolas se cubren la cabeza y los hombros.
3. **cobrizo** : de color dorado rojizo, parecido al cobre.

bien dibujados. Su cabello largo, negro y brillante y sus dientes muy blancos. Es una belleza extraña y salvaje difícil de olvidar.

Le dejo que me diga la buenaventura [1] y le propongo acompañarla a su casa. Acepta y me pregunta la hora. Observa con atención mi reloj y dice:

—¿Es de oro?

Después de atravesar la ciudad, llegamos a una casa muy pobre. Un niño nos abre la puerta y entramos en una habitación amueblada con una mesita, dos taburetes [2] y un baúl [3]. La gitana saca del baúl cartas y me hace una cruz en la mano izquierda con una moneda; la ceremonia mágica comienza...

Pero de repente, la puerta se abre con violencia; un hombre envuelto en una capa, entra en la habitación e interpela brutalmente a la gitana. No comprendo lo que dice. La gitana no muestra ni sorpresa ni cólera, y le responde en un idioma misterioso.

El hombre la empuja rudamente y avanza hacia mí, después retrocede.

—¡Ah! Señor ¡es usted!

Reconozco inmediatamente a mi amigo Don José.

—La señorita me anunciaba cosas muy interesantes cuando...

—¡Siempre la misma! Esto se va a acabar —dice entre dientes.

Don José y la gitana continúan discutiendo, ella le mira con desprecio.

1. **decir la buenaventura :**
   predecir el futuro, la suerte.

2. **taburete :**

3. **baúl :**

Carmen

Don José me coge del brazo, abre la puerta y me conduce a la calle. Me dice:

—Todo recto encontrará el puente. —y se va rápidamente.

Cuando regreso a mi morada, estoy de muy mal humor y además, me doy cuenta de que ya no tengo mi reloj.

Unos meses más tarde, regreso a Córdoba; uno de los padres Dominicos me acoge con sorpresa y alivio:

—¡Dios sea alabado! ¡No está muerto! ¡Solamente le han robado!

—¿Cómo?

—¡Pues bien! Han encontrado su bonito reloj y el ladrón está en la cárcel.

—¿Cómo se llama?

—Se le conoce con el nombre de José Navarro, pero también tiene otro nombre vasco. No solamente es un ladrón, sino también un peligroso asesino. Será ejecutado pasado mañana.

Voy a visitar al prisionero y le llevo un paquete de puros habanos. Al día siguiente, paso una parte de la jornada con él; es entonces cuando me cuenta las tristes aventuras de su vida.

1 Comprensión auditiva

Escucha la grabación del capítulo y señala la respuesta correcta.

1. El narrador de la historia es
   a. ☐ el guía Antonio.
   b. ☐ José Navarro.
   c. ☑ el autor Mérimée.

2. Mérimée se encuentra en España
   a. ☐ para aprender español.
   b. ☑ para hacer investigaciones arqueológicas.
   c. ☐ para visitar el país.

3. El hombre que encuentra es
   a. ☑ un bandido.
   b. ☐ un soldado.
   c. ☐ un guía.

4. El narrador y José Navarro se convierten en
   a. ☐ cómplices.
   b. ☑ amigos.
   c. ☐ enemigos.

5. Antonio quiere entregar al bandido a los soldados para
   a. ☐ hacerse famoso.
   b. ☑ ganar 200 ducados.
   c. ☐ proteger al narrador.

6. El narrador decide
   a. ☐ no despertar al bandido y esperar a los soldados.
   b. ☐ despertar al bandido y ayudarle a fugarse.
   c. ☑ despertar al bandido y no decirle nada.

2 Comprensión lectora

Ahora lee el texto y responde a las preguntas.

1. ¿Por qué el guía tiene miedo al ver a José Navarro?

   Porque él sabe que Don José es un bandido.

2. ¿Cómo comprende el narrador que José Navarro no es andaluz?

   Porque José tiene un accento Basco

3. ¿Por qué el narrador no tiene miedo de viajar con él?

   Porque el narrador no sí a quien es Don José

4. ¿Por qué el narrador está enfadado con su guía?

   Porque Antonio quiere dar Don José a la policía.

5. ¿Qué duda tiene el narrador después de la fuga del bandido?

   Tiene duda que ha hecho bueno salvar a Don José

6. ¿Cómo juzga el narrador la belleza de la gitana?

   Juzga que es una belleza diferente, no perfecta

7. ¿Por qué Carmen no tiene tiempo de leerle las cartas?

   Porque Don José interrumpe

8. ¿Cuál es el comportamiento del hombre que entra en la habitación?

   Tiene comportamiento furioso

9. ¿Por qué el narrador está de mal humor cuando regresa a su morada?

   Porque no tiene su reloj.

10. ¿Quién, en tu opinión, le ha robado el reloj?

   Cármen le ha robada

11. ¿Por qué José Navarro va a ser ejecutado?

   Porque José tenía el reloj robado.

12. ¿A quién va a visitar el narrador?

   Va a visitar a Don José

13. ¿Por qué le lleva un paquete de puros habanos?

   Porque es un simbol de amistad

El pretérito perfecto

Se forma con el auxiliar **haber** en presente de indicativo + el **participio pasado** del verbo que se conjuga.

Con el auxiliar *haber*, el participio del verbo nunca concuerda con el complemento directo, como sucede en italiano o en francés, cualquiera que sea la posición del complemento en la frase.

¿Ha firmado la carta? No, todavía no la he firmado.

3 **Transforma las frases siguientes según el modelo.**

Ejemplo: **Voy** a Córdoba para estudiar.
            He ido a Córdoba para estudiar.

1. Paso mis días en el convento de los Dominicos.
   He pasado mis días...

2. Una mujer se sienta a mi lado.
   Ha sentado

3. No puedo olvidar esta belleza extraña y salvaje.
   No he podido

4. Salimos y atravesamos la ciudad.
   Hemos salido y atravesado

5. Llegamos a una casa.
   Hemos llegado

6. No comprendo lo que dice.
   No he comprendido

7. Regreso a mi morada.
   He regresado

8. Me cuenta las tristes aventuras de su vida.
   Me ha contado

4 **Vocabulario**

Escribe los adjetivos que corresponden a estos sustantivos.

1. Melancolía: .... *Melancólico* ....
2. Inquietud: .... *Inquieto* ....
3. Irritación: .... *irritado* ....
4. Extrañeza: .... *extraño* ....
5. Sorpresa: .... *sorprendida* ....
6. Agitación: .... *agitado* ....
7. Violencia: .... *violente* ....
8. Desgracia: .... *desgraciado* ....
9. Humillación: .... *humillado* ....
10. Alegría: .... *alegre* ....

5 **Comprensión auditiva**

Escucha la grabación y completa el resumen.

El narrador se encuentra ahora en **1** .... para estudiar un
2 .... sobre la antigua Munda. Una tarde, conoce a una
3 ...., Carmencita. La invita a tomar un **4** ...., y
decide que le diga la **5** .... La joven saca unas
6 .... y le pide hacer una **7** .... en la mano
8 ....
De repente, un hombre entra con **9** .... en la habitación.
Está enfadado con la gitana. Coge del **10** .... al narrador y le
11 .... a la **12** .... indicándole la dirección del
13 ....
Algunos meses más tarde, el narrador regresa a Córdoba y le informan
de que han encontrado su **14** ....
El narrador **15** .... a José Navarro, que está en la cárcel. José
Navarro va a ser **16** ...., pero antes le cuenta las tristes
17 .... de su vida.

6 Vocabulario

¿Qué se puede encontrar en tu habitación? Busca los siguientes objetos en el dibujo.

> 1 un armario   2 un taburete   3 una estantería con libros
> 4 una mesa   5 un diván   6 una silla   7 una mesita de noche
> 8 un cojín   9 un sillón   10 una cama   11 un espejo
> 12 una alfombra   13 unas cortinas

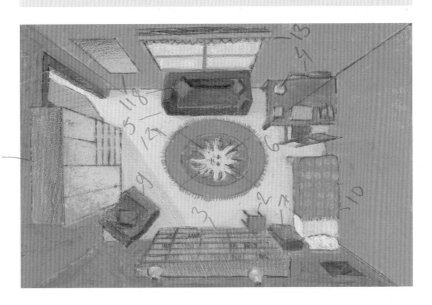

7 Producción escrita

Ayudándote del vocabulario precedente, describe tu habitación. Utiliza *a la izquierda, a la derecha, al fondo, en el centro, delante de, al lado de, enfrente de.*

....

....

8 Producción oral

Describe a tus compañeros la habitación de tus sueños, ¿cómo te la imaginas?

PROYECTO INTERNET

La gastronomía

Busca en Internet:

▶ "Gastronomía de Andalucía", y a continuación, "Gastronomía de Andalucía (España)"
Indica el nombre de: dos sopas frías, un plato de pescado, un postre.

▶ "Ajoblanco"
Indica cuáles son los ingredientes para preparar ese plato.

▶ "Vinos de Andalucía", y a continuación, en "Andalucía".
Da al menos cuatro nombres de vinos de Andalucía.

▶ "Recetas de tapas", y a continuación, "Recetas de cocina"

▶ "Tortilla de patatas"
¿Qué ingredientes son necesarios para hacer una tortilla de patatas?

Madrid, una capital europea

▶ Busca "España", y a continuación, "Madrid".

Responde a las siguientes preguntas.

- ¿Dónde está situada la ciudad?
- ¿Cuántos habitantes tiene?
- ¿Qué instituciones tienen su sede en Madrid?
- ¿Cuáles son las principales actividades económicas de la ciudad?
- ¿Qué se puede hacer por la noche?
- ¿Y durante el día?
- ¿Qué es *El Escorial*?
- ¿Dónde nace Cervantes?
- ¿Qué río pasa por Aranjuez?

▶ Busca "El Prado": entre los artistas que se presentan, indica el que prefieres y justifica tu respuesta.

CAPÍTULO **2**

Carmen

He nacido en Elizondo, en el valle de Bazán, y me llamo Don José Lizarrabengoa. Soy vasco y cristiano viejo. Reclutado en el regimiento de caballería de Almansa, en poco tiempo he llegado a ser brigadier. Pero para mi desgracia, me han puesto a hacer guardia en la Manufactura de tabacos en Sevilla...

Hay unas quinientas mujeres trabajando allí. Enrollan los puros habanos en una sala grande, donde los hombres no entran sin permiso.

A la hora en que las obreras llegan, muchos jóvenes vienen a

verlas pasar. Un día les oigo decir:

—¡Mirad! ¡La gitanilla!

Levanto los ojos y veo a la Carmen que usted ya conoce. Lleva una falda roja muy corta, medias de seda blancas con más de un agujero, y zapatos de cuero, rojos, atados con cintas de color fuego. Deja caer su mantilla para mostrar sus hombros y un ramillete de flores que emerge de su blusa. También lleva una flor en la comisura de los labios y camina balanceándose sobre sus caderas. Cuando le lanzan piropos [1], entorna los ojos con los puños sobre las caderas, como la verdadera gitana que es.

Al principio no me gusta, y me pongo a reparar la cadena de mi aguja artillera; entonces se detiene delante de mí y me dice:

—Compadre, ¿me das tu cadena para guardar las llaves de mi caja fuerte?

—Es para mi aguja artillera —le respondo.

—¡Tu aguja artillera! ¡Ah! ¡El señor hace encajes pues necesita agujas!

Todo el mundo se ríe, y yo siento que me pongo rojo sin tener nada que responder.

—Entonces, corazón, —dice— ¡hazme encajes para una mantilla! Y me lanza la flor que tiene en la boca, justo entre los ojos. Me produce el efecto de una bala.

Dos horas más tarde, un hombre llega al cuerpo de guardia; está muy nervioso:

—¡En la sala de los puros habanos hay una mujer asesinada!

Cuando entro en la sala, veo a un lado a una mujer cubierta de

---

1. **piropo** : galantería, frase galante.

sangre, con una X en la cara hecha con dos cuchilladas, y al otro lado veo a Carmen, sostenida por cinco o seis mujeres. El caso está claro. Cojo a Carmen por el brazo.

—¡Venga conmigo! —le digo.

Me responde con resignación:

—Vamos, ¿dónde está mi mantilla?

Se la pone sobre la cabeza y me sigue obediente como una ovejita. Cuando llegamos al cuerpo de guardia, el mariscal dice:

—Es grave... hay que llevarla a la cárcel.

Otra vez me toca a mí conducirla. Primero silenciosa, comienza a dejar caer la mantilla sobre sus hombros, después se gira hacia mí y me dice.

—Señor, ¿a dónde me lleva?

—A la cárcel.

—¡Ay! ¿Qué va a ser de mí? Señor, tenga piedad de mí, es usted tan joven, tan gentil, ¡déjeme escapar!

—No estamos aquí para decir tonterías, hay que ir a la cárcel, ¡es la consigna!

Ella reconoce mi acento y me dice:

—Compatriota de mi corazón, ¿es usted vasco?

—Sí, soy de Elizondo.

—Yo soy de Etchalar. Los gitanos me trajeron a Sevilla. Trabajo en la manufactura para poder regresar allí con mi madre, que solamente me tiene a mí. Amigo mío, ¿no haría usted algo por una paisana [1]?

Miente, señor, miente siempre, pero es más fuerte que yo; cuando habla, creo todo lo que me dice. Y ese día estoy dispuesto

---

1. **paisano** : compatriota, de la misma región.

a hacer tonterías.

Me dice en vasco:

—Si le empujo, y usted se cae, nadie me retendrá...

Le respondo:

—Pues bien, amiga mía, inténtelo y ¡que la Virgen de la Montaña le ayude!

De repente, Carmen se gira y me da un puñetazo en el pecho. Me dejo caer de espaldas. Ella se pone a correr... Yo me levanto enseguida, pero la prisionera ya no está.

Por supuesto, mis superiores dudan de mí: me degradan y me encierran en la cárcel durante un mes. Es mi primer castigo y ya puedo despedirme de los galones[1] de mariscal que creía poseer... sin embargo no puedo evitar pensar en ella.

Cuando salgo de la cárcel, me espera otra humillación: me ponen de guardia a la puerta del coronel, como un soldado raso. Es un joven rico, al que le gusta mucho divertirse. Todos los oficiales jóvenes van a su casa, burgueses, también mujeres, actrices. Un día, he ahí que llega el coche del coronel. ¿A quién veo descender?... ¡a la gitanilla! Lleva una pandereta[2] en la mano. Otras dos gitanas le acompañan.

Carmen me reconoce:

—Buenos días brigadier, ¿haces guardia como un soldado raso?

No me da tiempo a responder cuando ya ha entrado en la casa.

---

1. **galón** : signo distintivo que señala los grados y funciones en el ejército.
2. **pandereta** : pandero con sonajas o cascabeles.

Carmen

Hay mucha gente y oigo las castañuelas [1], la pandereta, risas y bravos. Oigo, sobre todo, a los oficiales que le lanzan piropos; me gustaría atravesarles el cuerpo con el sable. Creo que es a partir de ese día cuando comienzo a amarla verdaderamente. Mi suplicio dura más de una hora. Después, los gitanos salen.

Carmen pasa por delante de mí y me dice muy bajito:

—Cuando a uno le gusta el buen pescado frito, va a Triana [2], a Lillas Pastia.

Podéis adivinar que una vez terminada la guardia, voy a Triana.

1. **castañuela** : instrumento de percusión, compuesto de dos mitades cóncavas, generalmente de madera.
2. **Triana** : barrio de Sevilla.

1 Comprensión auditiva

Escucha la grabación del capítulo, y di si las afirmaciones siguientes son verdaderas (V) o falsas (F); si son falsas corrígelas.

		V	F
1.	José Navarro es vasco.	☑	☐
2.	Carmen trabaja en la Manufactura de tabacos.	☑	☐
3.	Carmen se viste y se comporta discretamente.	☐	☑
4.	Enseguida le gusta a Don José.	☑	☐
5.	Carmen da una cuchillada a una mujer.	☑	☐
6.	Es conducida a prisión.	☑	☐
7.	José acepta ayudarla a escaparse.	☐	☑
8.	Solamente Don José es encarcelado.	☑	☐
9.	Carmen va a casa del coronel para bailar.	☑	☐
10.	Carmen cita a Don José en una iglesia.	☐	☑

2 Comprensión lectora

Responde a las preguntas.

1. ¿Dónde se encuentran Don José y Carmen por primera vez?
   Se encuentran en Sevilla

2. ¿Por qué, a tu parecer, a Don José no le gusta Carmen?
   Carmen es demasiado fuerte y enérgica

3. ¿Carmen, cómo le ridiculiza?
   Le ridiculiza a la cadena

4. ¿Qué ha sucedido en la sala de los puros habanos?
   Carmen ataca una otra mujer

5. ¿Qué le hace creer Carmen a Don José para que este le ayude a escapar?
   Que ella es también del país vasco

6. ¿Cómo comprende Don José que se ha enamorado de Carmen?
   Porque es envidioso de los coroneles a quienes ella baila

3 Vocabulario

Describe los dos retratos con la ayuda de las palabras siguientes.

> 1 dientes　2 ojos　3 boca　4 hombros　5 mejillas
> 6 frente　7 barbilla o mentón　8 orejas　9 bigote
> 10 barba　11 cabellos　12 cejas　13 nariz

a. ...ojos...

b. ...nariz...

c. ...dientes...

d. ...cabellos...

e. ...mejillas...

f. ...boca...

g. ...hombros...

h. ...frente...

i. ...barba...

j. ...barbilla...

k. ...cejas...

l. ...oreja...

m. ...bigote...

4 Escribe el contrario de cada adjetivo.

1. bajo ......_alto_................
2. rico ...._pobre_...........
3. agradable ....._malo_.......

4. claro ....*oscuro*..........
5. bueno ...._malo_...........
6. joven ...._viejo_...........

5 Reagrupa estas sílabas para formar tres palabras.

TRA	DES	ÑE	SOR	EX

GRA	PRE	ZA	SA	CIA

1. ....
2. ....
3. ....

6 Producción escrita

Preséntate físicamente y caracterialmente y haz la descripción de una persona de tu elección.

....
....
....
....
....

7 Producción oral

Expresa los sentimientos que sientes hacia una persona de tu elección.

CAPÍTULO 3

Fechorías y contrabando

5 Cuando entro en la taberna de Lillas Pastia, Carmen dice:

—Lillas, ya no quiero trabajar. Vamos *pays*, vamos a pasear.

Se pone la mantilla, y tapándose media cara, nos encontramos en la calle, sin saber adónde ir.

A la entrada de la calle de las Sierpes, compra una docena de naranjas; un poco más lejos compra pan, salchichón y una botella de manzanilla [1]; después entra en una confitería.

---

1. **manzanilla** : vino blanco, típico de Andalucía.

Coge todo lo que encuentra de más bonito y caro.

Nos paramos en la calle del Candilejo, delante de una casa vieja.

Una gitana nos abre, Carmen le da dos naranjas y un puñado de bombones, y la pone a la puerta de la calle, que cierra con una barra de madera. En cuanto estamos solos, empieza a bailar y a reír como una loca, cantando:

—Eres mi *rom*, soy tu *romi*.

¡Ah! Señor ¡aquel día!... cuando lo recuerdo, olvido el día siguiente. Pasamos juntos todo el día, comiendo, bebiendo y lo demás. Le digo que la quiero ver bailar, pero ¿dónde encontrar castañuelas? Inmediatamente, coge el único plato de la casa, lo rompe en pedazos y comienza a bailar, haciendo chasquear los pedazos de cerámica tan bien como unas castañuelas. Llega la noche y oigo los tambores que tocan retreta [1].

—Tengo que ir al cuartel pues pasan revista [2].

—¿Al cuartel? —dice con aire de desprecio— ¿Eres un esclavo para dejarte llevar a golpe de baqueta [3]?

Así pues, me quedo en su casa.

Al día siguiente por la mañana, es ella quien habla de separarnos.

—Escucha Joseíto —dice—, no te debo nada, eres un chico guapo y me has gustado.

Le pregunto cuándo la volveré a ver. Me responde:

—¿Sabes, hijo, que creo que te quiero un poco? Pero esto no puede durar. Perro y lobo no hacen buena pareja. Quizás si te

---

1. **retreta** : retirada.
2. **revista** : inspección.
3. **baqueta** : vara delgada de hierro o madera.

dedicaras al contrabando, me gustaría ser tu *romi*. Pero son tonterías. Así que adiós otra vez, no pienses más en Carmencita.

Hablando así, abre la puerta, y una vez en la calle, se cubre con la mantilla y se va.

Desde aquel día, ya no puedo pensar en otra cosa. Me paseo durante todo el día esperando encontrarla.

Algunas semanas más tarde, veo pasar a Lillas Pastia cerca del cuerpo de guardia y charlar con algunos de mis camaradas; todos le conocen. Se acerca a mí y me pregunta si tengo noticias de Carmen.

—No, —le digo yo.

—Pues bien, las tendrá muy pronto compadre.

No se equivoca. Por la noche estoy de guardia. Veo venir a una mujer. El corazón me dice que es Carmen. No obstante exclamo:

—¡Alto! ¡No se puede pasar!

—No seas malvado.

—¿Qué? ¡Carmen!

—Sí, hablemos un poco. ¿Quieres ganarte un duro [1]? Van a venir unas gentes con paquetes, déjales hacer.

—No, debo impedirles pasar, es la consigna.

—¡La consigna! ¡No pensabas en ella en la calle del Candilejo!

Estoy dispuesto a dejar pasar a todos los gitanos con tal de obtener la única recompensa que deseo.

Hacemos las paces, pero Carmen tiene el humor como el tiempo de mi pueblo. Nunca está la tormenta más cerca de nuestras montañas, que cuando el sol brilla con más intensidad.

Busco a Carmen por todas partes en las que creo que puede

---

1. **duro** : moneda de cinco pesetas.

estar. Una tarde, la veo entrar en la calle del Candilejo, seguida por un teniente de nuestro regimiento. Me quedo estupefacto, con el corazón lleno de rabia.

—¿Qué haces aquí? ¡Lárgate! —me dice el teniente.

Está enfadado, y al ver que no me voy, saca la espada y yo desenvaino [1] la mía... Después, como el teniente me persigue, pongo la punta de mi espada en su cuerpo y lo ensarto [2].

Me escapo por la calle y me pongo a correr sin saber dónde ir. Me parece que alguien me sigue. Carmen no me abandona.

Hay que marcharse de Sevilla lo antes posible, pues si me cogen, me fusilan sin remisión.

—Hijo, —me dice Carmen—, es preciso que pienses en ganarte la vida. Eres demasiado torpe para robar. Vete a la costa y hazte contrabandista.

De ese modo me muestra mi nuevo oficio.

No me importa, pues me parece que me uno más íntimamente a ella por esta vida de riesgo y de rebelión.

Voy a Jerez, donde Dancaire, el jefe de los contrabandistas, me recibe en su tropa.

Durante las expediciones, Carmen hace de espía para nuestra gente. La vida de contrabandista me gusta más que la de soldado; le hago regalos a Carmen, tengo dinero y una amante. Soy tan débil ante esta criatura que satisfago todos sus caprichos.

Un día, Dancaire me dice:

—Vamos a tener otro camarada; Carmen acaba de hacer una de sus mejores jugadas. Ha liberado a su *rom*, que estaba en el

---

1. **desenvainar** : sacar la espada de su funda para batirse.
2. **ensartar** : ser atravesado, por la espada en este caso.

presidio de Tarifa.

—¿Cómo? ¡Su marido! ¡Está casada!

—Sí —responde— con García el Tuerto [1], un gitano tan audaz como ella.

Os podéis imaginar el placer que esta noticia me proporciona.

Tiene la piel negra y el alma todavía más negra. Estoy indignado.

Una mañana, de camino, nos damos cuenta de que una docena de jinetes nos están pisando los talones [2].

Oigo silbar las balas, pero cuando uno está delante de una mujer, no tiene mérito burlarse de la muerte. En nuestro grupo hay un joven de Écija llamado Remendado. El pobre recibe un balazo en los riñones. Tiro mi paquete e intento ayudarle.

—¡Imbécil!, —me grita García— ¿qué vamos a hacer de esta carroña? Remátalo y no pierdas el paquete con las medias de seda.

Entonces, García se le acerca y le dispara su trabuco [3] en la cabeza.

—Muy hábil será el que le reconozca ahora —dice mirando su rostro desfigurado.

1. **tuerto** : que ha perdido un ojo.
2. **pisar los talones** : perseguir a alguien de cerca.
3. **trabuco** : fusil corto.

1 Comprensión auditiva

Escucha la grabación del capítulo y señala la respuesta correcta.

1. Carmen y Don José se dan cita en
   a. ☐ la calle de las Sierpes.
   b. ☐ la calle del Candilejo.
   c. ☐ la taberna de Lillas Pastia.

2. En la confitería, Carmen coge todo lo
   a. ☐ más caro.
   b. ☐ más bonito y más caro.
   c. ☐ menos bonito y menos caro.

3. Carmen rompe el único plato de la casa
   a. ☐ para jugar.
   b. ☐ para tocar las castañuelas.
   c. ☐ porque está enfadada.

4. Cuando los tambores tocan retreta, Don José debe
   a. ☐ quedarse con Carmen.
   b. ☐ ir al cuartel.
   c. ☐ dejarse llevar a golpe de baqueta.

5. Para ganarse la vida, Don José debe
   a. ☐ robar.
   b. ☐ hacerse espía.
   c. ☐ hacerse contrabandista.

6. En las expediciones, Carmen hace de
   a. ☐ guía.
   b. ☐ espía.
   c. ☐ jefe.

7. El marido de Carmen se llama
   a. ☐ Dancaire.
   b. ☐ García el Tuerto.
   c. ☐ Remendado.

2 Vocabulario

Completa las frases con la palabra conveniente.

1. Vamos *pays*, vamos a ....

   a. pasear   **b.** deambular   **c.** caminar

2. Coge todo lo que encuentra de más bonito y ....

   a. barato   **b.** asequible   **c.** caro

3. Se pone a bailar y a reír como una loca ....

   a. cantado   **b.** cantaba   **c.** cantando

4. Una vez .... la calle.

   a. por   **b.** en   **c.** de

5. Se pone la ....

   a. toca   **b.** manta   **c.** mantilla

6. Me pongo a .... sin saber donde ir.

   a. desfilar   **b.** transitar   **c.** correr

7. Satisfago todos sus ....

   a. desvaríos   **b.** deseos   **c.** caprichos

8. Carmen acaba de hacer una de sus mejores ....

   a. trastadas   **b.** jugadas   **c.** fechorías

9. Una mañana, de camino, nos ....

   a. damos cuenta   **b.** percibimos   **c.** advertimos

10. Una docena de .... nos pisan los talones.

    a. caballistas   **b.** caballeros   **c.** jinetes

11. Oigo .... las balas.

    a. chillar   **b.** silbar   **c.** chirriar

12. Cuando uno está delante de una mujer no tiene mérito burlarse de la ....

    a. suerte   **b.** muerte   **c.** fortuna

Imperativo afirmativo

Solo tiene formas especiales para la segunda persona del singular (tú) y para la segunda del plural (vosotros/as).

Tú: el imperativo es igual que la tercera persona del singular del presente de indicativo.

Habla, por favor.

Pero hay ocho excepciones:

poner	*pon*	ser	*sé*
decir	*di*	ir	*ve*
hacer	*haz*	tener	*ten*
salir	*sal*	venir	*ven*

Vosotros/as: para obtener el imperativo sustituimos la *r* del infinitivo por una *d*. No hay excepciones.

sali**r** → sali**d**

Poned los libros en la mesa.
Decid la verdad.

Para referirnos a usted o ustedes, utilizamos las formas correspondientes del presente de subjuntivo.

Hable, por favor.
Pongan los libros en la mesa.

Imperativo negativo

Usamos el presente de subjuntivo para todas las personas.

No fume.
No comáis grasas.

44

3 "Nos sirven pollo con arroz, gazpacho y vino de Montilla"

Lee la receta del gazpacho andaluz, una sopa que se sirve fría. Puedes prepararlo en una velada veraniega para tus amigos, pero antes, cambia los infinitivos de los verbos por el imperativo.

Gazpacho Andaluz

Ingredientes: (cuatro personas)
1 kg de tomates maduros
1/2 pepino
1 pimiento verde
2 dientes de ajo

1 cebolla
1 vaso de aceite de oliva virgen
1/2 vasito de vinagre de vino
agua, sal
miga de pan (opcional)

Preparación:

(*Pelar*) .... y (*trocear*) .... el pepino, la cebolla, el pimiento y los ajos. (*Escaldar*) .... y (*pelar*) .... los tomates.

(*Poner*) .... todo en un vaso de batidora añadiendo el aceite, el vinagre, y la sal. (*Añadir*) .... un poco de agua (opcional).

(*Reservar*) .... un par de horas en el frigorífico antes de servir muy fresco.

Esta sopa fría se puede acompañar de una guarnición de las mismas hortalizas picadas muy finamente, cuadraditos de pan frito, huevo duro picado, etc. Si se desea, también puede añadirse un poco de perejil picado a la hora de servir.

4 Producción escrita

Ahora escribe una receta típica de tu país o de tu región, fácil de preparar y sabrosa, para un amigo extranjero. Utiliza el modo imperativo.

Nombre del plato: ....

Ingredientes: ....

....

Preparación: ....

....

....

Sevilla
la hechicera

Con cerca de 700.000 habitantes, la capital andaluza, situada en medio de la fértil llanura del río Guadalquivir, ofrece sus maravillas a los visitantes.

Según la leyenda, fue fundada por Hércules, y sus orígenes están ligados a la civilización de Tartessos. Su historia está muy vinculada al descubrimiento de América.

Panorama de la ciudad.

Casa de Pilatos.

Tren monorraíl Expo 92.

Su minarete, la Giralda, su catedral (una de las mayores de la cristiandad), su palacio real el Alcázar, con sus fascinantes jardines, la casa de Pilatos, una casa solariega del siglo XVI, en la que el arte mudéjar, gótico y renacentista se mezclan armoniosamente; el Ayuntamiento, el Archivo de Indias, donde se conservan los documentos históricos relativos al descubrimiento de América; sus conventos, sus iglesias, perpetúan la fascinante historia de Sevilla y la convierten en una ciudad mundialmente conocida: la ciudad de *Carmen*, de *Don Juan Tenorio*, de *Fígaro*...

El barrio de Triana, al otro lado del río, el de Santa Cruz, la calle de las Sierpes con sus balcones floridos, sus patios escondidos, sus calles estrechas, la plaza de toros de la Maestranza, el parque de María Luisa, son imágenes muy representativas de Sevilla.

La *Macarena*.

Procesión en las calles de Sevilla.

Centro administrativo de Andalucía, ha sido sede de dos exposiciones, en 1929 para la feria iberoamericana, y en 1992 para la exposición universal. La ciudad, punto de partida de Cristóbal Colón, está orgullosa de mostrar que ha sabido asociar brillantemente historia y modernidad.

Justo antes del Domingo de Pascua, tiene lugar la Semana Santa, una solemnidad religiosa en la que los penitentes, cubiertos con capirotes [1], caminan descalzos, seguidos por imágenes barrocas, que

1. **capirote** : capucha en forma de cono que llevan los penitentes en las procesiones.

La Feria de Abril.

representan a la Virgen dolorosa, o escenas de la pasión de Cristo, mientras la muchedumbre asiste en silencio.

Quince días después de la Semana Santa, Sevilla celebra la Feria de Abril, que señala el inicio de la primavera. Antigua feria del ganado, se ha convertido en la fiesta indiscutible de los sevillanos. El comercio de animales ha dado paso a un espectáculo de hermosas

Panorama de Sevilla – La Giralda.

El Alcázar.

Plaza de la Maestranza.

damas ataviadas con el típico vestido andaluz, con sus abanicos, cabalgando a la grupa de un magnífico caballo, junto a su caballero.

Por la noche, toda la ciudad se dirige a las *casetas*, donde se comen platos típicos, se beben buenos vinos y se bailan *sevillanas* hasta el amanecer.

La feria anuncia también el inicio de la estación taurina. En la célebre plaza de la Maestranza, que debe su nombre a una antigua Cofradía o Hermandad caballeresca que data del siglo XIII, los *toreros* hacen alarde de su valentía ante las críticas miradas de los *aficionados*.

1 Comprensión lectora

Di si las frases siguientes son verdaderas (V) o falsas (F).

		V	F
1.	El río que atraviesa Sevilla es el Guadalaviar.	☐	☐
2.	La torre denominada *La Giralda* es un minarete.	☐	☐
3.	Sevilla ha tenido un papel importante en el descubrimiento de América.	☐	☐
4.	Sevilla no es el centro administrativo de Andalucía.	☐	☐
5.	La *Semana Santa* tiene lugar después de Pascua.	☐	☐
6.	La *Feria de Abril* era antiguamente una feria de ganado.	☐	☐
7.	La *Maestranza* es el nombre de una antigua Hermandad caballeresca.	☐	☐

2 Expresión escrita

Elige una foto de Sevilla y descríbela.

....

....

....

CAPÍTULO **4**

¡En guardia!

Una noche, estamos sentados junto a un fuego y le propongo a García jugar a las cartas. Acepta. En la segunda partida, le digo que hace trampas[1]. Se echa a reír.

Le tiro las cartas a la cara. Quiere coger su trabuco pero pongo el pie encima y le digo:

—Dicen que sabes utilizar el cuchillo. ¿Quieres probar conmigo?

1. **trampa** : engaño.

Carmen

Saca su cuchillo, yo, el mío. Empezamos a reñir. Se lo clavo en la garganta por debajo de la barbilla. Y allí acaba todo.

—¿Qué has hecho? —me dice Dancaire.

—Escucha —le digo—, no podemos vivir juntos. Amo a Carmen y quiero ser el único.

—Si se la hubieras pedido al Tuerto, te la habría vendido por una piastra[1].

Trabajo con Dancaire; hacemos contrabando.

Durante algunos meses, estoy contento de Carmen, nos es útil para nuestras operaciones.

Nos informa de los buenos golpes. Vive en Málaga, Córdoba o Granada.

Un día me dice:

—¿Sabes que desde que eres mi *rom* te quiero menos? No quiero sentirme ni atormentada ni gobernada. Lo que quiero es ser libre y hacer lo que me gusta. Si me molestas, encontraré a alguno que te hará lo que le has hecho al Tuerto.

Poco después, nos sucede una desgracia. La tropa nos sorprende y mata a Dancaire y a dos de mis camaradas; otros dos son arrestados. Estoy gravemente herido y sin mi buen caballo.

Extenuado de fatiga, con una bala en el cuerpo, voy a esconderme en un bosque con el único compañero que me queda.

Mi camarada me conduce a una gruta que conocemos, y a

---

1. **piastra** : moneda de plata usada en diversos países: Turquía, Egipto, Siria...

continuación, va a buscar a Carmen que, durante quince días, no se aparta un momento de mí.

En cuanto me puedo sostener sobre las piernas, me conduce a Granada con el mayor secreto, y paso más de seis semanas en una casa, a dos puertas del corregidor, que me está buscando.

Durante la convalescencia, reflexiono largamente, y una vez restablecido, decido cambiar de vida.

Hablo con Carmen y le digo que quiero abandonar España e ir a vivir honestamente al Nuevo Mundo. Ella se burla de mí.

—No estamos hechos para plantar coles, nuestro destino es vivir a expensas de los *payos* [1]. Mira, he montado un negocio con Nathan Ben-Joseph de Gibraltar. Sabe que estás vivo. ¿Qué dirían nuestros camaradas de Gibraltar si faltases a tu palabra?

Me dejo arrastrar, y es así como vuelvo a mi antigua vida.

Durante mi estancia en Granada, hay corridas de toros a las que Carmen asiste. A su regreso habla mucho de un picador [2] muy hábil llamado Lucas.

Algunos días más tarde, mi camarada me dice que ha visto a Carmen con Lucas. Comienzo a inquietarme. Le pregunto cómo y por qué ha conocido al picador.

—Es alguien con quien podemos hacer negocios.

—No quiero saber nada ni de su dinero ni de su persona, y te prohíbo hablar con él.

---

1. **payo** : entre los gitanos, el que no es de su raza.
2. **picador** : torero de a caballo que pica al toro.

Carmen

—¡Ten cuidado! ¡Cuando me prohíben hacer algo, pronto está hecho!

Tenemos una violenta discusión y le pego. Llora. Es la primera vez que la veo llorar y me hace un efecto atroz.

Regreso a Montilla. Carmen no quiere besarme y me siento muy triste.

Tres días después, sale a mi encuentro, alegre como unas castañuelas. Todo queda olvidado y parecemos recién enamorados. En el momento de separarnos, me dice:

—Hay fiestas en Córdoba, voy a verlas.

La dejo marchar.

Un campesino me dice que hay corrida de toros en Córdoba. Siento que estoy enloquecido, y parto hacia allí inmediatamente.

6 **1** **Comprensión auditiva**

Escucha la grabación del capítulo y señala la respuesta correcta.

1. Una noche Don José
   a. ☐ compra a Carmen por una piastra.
   b. ☐ clava su cuchillo en la garganta de García y le hiere.
   c. ☐ clava su cuchillo en la garganta de García y le mata.

2. Poco después, la tropa sorprende al grupo y
   a. ☐ mata a tres personas.
   b. ☐ mata a cinco personas.
   c. ☐ mata a tres personas y hiere a Don José.

3. Don José tiene una bala
   a. ☐ en el corazón.
   b. ☐ en el cuerpo.
   c. ☐ en el cuello.

4. Don José pasa en Granada más de
   a. ☐ cinco semanas.
   b. ☐ seis semanas.
   c. ☐ diez semanas.

5. Don José proyecta
   a. ☐ volver al contrabando.
   b. ☐ cambiar de vida.
   c. ☐ plantar coles.

6 **2** **Escucha de nuevo el inicio del capítulo hasta... "que me busca".**
Marca la frase que oyes.

1. a. ☐ Una noche, estamos sentados junto a un juego.
   b. ☐ Una noche, estamos sentados junto a un fuego.

2. a. ☐ Encontraré a alguno que te hará lo que le has hecho al muerto.

b. ☐ Encontraré a alguno que te hará lo que le has hecho al Tuerto.

3. a. ☐ Estoy seriamente herido.

b. ☐ Estoy gravemente herido.

4. a. ☐ Durante veinte días, no se aparta un momento de mí.

b. ☐ Durante quince días, no se aparta un momento de mí.

3 **Vocabulario**

Encuentra la expresión equivalente a la subrayada.

1. En la segunda partida, le digo que hace <u>trampas</u>.

   a. disimulos   **b.** engaños   **c.** trucos

2. No quiero sentirme <u>atormentada</u>.

   a. preocupada   **b.** irritada   **c.** afligida

3. Poco después, nos sucede una <u>desgracia</u>.

   a. desdicha   **b.** desastre   **c.** ruina

4. Durante la convalecencia, <u>reflexiono</u> largamente.

   a. calculo   **b.** pienso   **c.** imagino

5. Me hace un efecto <u>atroz</u>.

   a. feo   **b.** horrible   **c.** enorme

6. Siento que me vuelvo <u>loco</u>.

   a. imprudente   **b.** extravagante   **c.** enajenado

7. Parto hacia allí <u>inmediatamente</u>.

   a. al instante   **b.** un poco antes   **c.** poco despuès

4 Pon una cruz en la casilla adecuada.

Antonio monta sobre su caballo y desaparece en la oscuridad.

	Ausencia	
	casi completa	completa
	de luz	
oscuridad		
tinieblas		

No quiero sentirme atormentada.

	Que ha sufrido	
	físicamente	moralmente
atormentado		
torturado		

Siento que estoy enloqueciendo.

	Persona que ha perdido la razón. De poco juicio, disparatada e imprudente.	Persona que está fuera de sí, con el uso de la razón o de los sentidos entorpecidos.
enajenado		
loco		

Estilo indirecto o discurso referido

Cuando transmitimos palabras de otras personas, tiene lugar una serie de **cambios** en nuestro discurso: personas de los verbos, expresiones de lugar y de tiempo, elementos gramaticales como los posesivos, demostrativos, etc.

*Carmen: **Me quedo en mi** casa.* → *Carmen ha dicho que **se queda en su** casa.*

*Antonio: **¿Sabes** hablar italiano?* → *Antonio me ha preguntado si **sé** hablar italiano.*

5 Transforma las frases siguientes en estilo indirecto utilizando *ha dicho, ha preguntado.*

1. "¿Quieres ganarte un duro?"

   ....

2. "No podemos vivir juntos."

   ....

3. "No quiero saber nada, ni de su dinero ni de su persona y te prohíbo hablarle."

   ....

4. "Hay fiestas en Córdoba, voy a verlas."

   ....

6 Transforma las frases siguientes en estilo directo.

1. Una noche le propongo a García jugar a las cartas.

   ....

2. Mi camarada me dice que ha visto a Carmen con Lucas.

   ....

3. Le pregunto a Carmen cómo y por qué ha conocido al picador.

   ....

4. Un campesino me dice que va a ver la corrida de toros en Córdoba.

   ....

7 Producción oral

El juego del sordo.

Estás sordo. A cada frase que te dice tu compañero de la izquierda, dices a tu compañero de la derecha: "¿Qué dice?"; y él te refiere lo que ha dicho.

Ejemplo: alumno 1: "Esta tarde iré al cine."

   alumno 2: "¿Qué dice?"

   alumno 3: "Dice que esta tarde irá al cine."

Historia de la
mantilla española

Es una prenda tradicional española, variante del velo que usaban las mujeres para las celebraciones religiosas.

Sus orígenes se remontan a la cultura ibérica. Durante le Edad Media, la mujer sigue utilizando diferentes tocados, algunos de ellos de influencia árabe.

A finales del siglo XVI, su uso se generaliza en toda España. En las tierras más frías tiene una doble utilidad, de adorno y abrigo, mientras que en las más cálidas, se convierte en una prenda muy ligera con carácter ornamental.

A partir del siglo XVII, se empiezan a utilizar las mantillas de encaje, formando parte del vestuario de las mujeres elegantes. Solamente a partir del XVIII, empiezan a utilizarla también las damas de alta condición social y no únicamente las mujeres del pueblo.

En el siglo XIX, adquiere gran importancia como tocado elegante y distinguido.

La reina Isabel II impulsó el uso de la mantilla.

En la segunda parte del siglo XIX, las damas de la nobleza madrileña la convierten en símbolo de su descontento hacia el rey italiano Amadeo de Saboya y su esposa María Victoria. Las mujeres se manifestaban por las calles madrileñas luciendo la clásica mantilla y peineta española, en lugar de los sombreros de moda.

En el siglo XX, la mantilla utilizada para pasear por las tardes cae en desuso, únicamente se utilizan mantillas pequeñas en forma de media luna, para ir a misa.

Durante la Semana Santa, en Andalucía, es tradición que las damas se vistan de negro, luciendo su mejor vestido, en la cabeza peineta de carey y mantilla negra de encaje, para acompañar a las procesiones y visitar las iglesias de la ciudad, especialmente el Jueves y Viernes Santo.

La famosa Feria de Abril de Sevilla, también es la ocasión para ponerse la mantilla, pero en esta ocasión, es de encaje blanco. También tienen la costumbre de acudir a la fiesta taurina, esta vez con mantilla blanca.

Los tipos de encaje que más se utilizan son los de Blonda y Chantilly.

1 **Comprensión lectora**

Di si las afirmaciones siguientes son verdaderas (V) o falsas (F).

	V	F
1. A partir del siglo XVII, se empiezan a utilizar mantillas de encaje.	☐	☐
2. La reina Isabel II no impulsa el uso de la mantilla.	☐	☐
3. La mantilla se pone sobre una peineta de carey.	☐	☐
4. Las damas madrileñas usan la mantilla para mostrar su descontento hacia Amadeo de Saboya.	☐	☐
5. La mantilla negra se usa para eventos lúdicos.	☐	☐
6. La mantilla blanca se usa para eventos de carácter religioso.	☐	☐

CAPÍTULO **5**

En un desfiladero solitario

Me dicen quién es Lucas, y en un banco detrás de la barrera, reconozco a Carmen. Me basta con verla un minuto para estar seguro de lo que pasa.

Lucas, en el primer toro, quiere impresionar; arranca la divisa [1] del toro y se la entrega a Carmen, quien se la pone en el pelo. El toro se encarga de vengarme, pues esa tarde, le da una cornada. Miro a Carmen pero ya no está en su lugar. Me veo

---

1. **divisa** : lazo con el que se distinguen los toros de las diversas ganaderías.

obligado a esperar hasta el final de la corrida para salir. Entonces me dirijo a la casa que ya conocéis. Hacia las dos de la madrugada, Carmen regresa y se sorprende al verme.

—Ven conmigo —le digo.

—De acuerdo —dice— vámonos.

Voy a por mi caballo, la monto a la grupa y cabalgamos el resto de la noche sin decirnos una palabra. Nos paramos al amanecer en una *venta* aislada, cerca de una pequeña ermita. Allí le digo:

—Escucha, estoy dispuesto a olvidarlo todo. No te hablaré de nada, pero júrame que vas a venir conmigo a América.

—No —dice—, no quiero ir a América, estoy bien aquí.

—Es porque tienes cerca a Lucas, pero piénsalo bien, si sana, no será para hacerse viejo. Además ¿por qué tomarla con él? Estoy harto de matar a todos tus amantes: es a ti a quien mataré.

Me fija con su mirada salvaje y me dice:

—Siempre he pensado que me matarías. La primera vez que te vi, acababa de encontrar a un cura a la puerta de mi casa. Y esa noche, al salir de Córdoba, ¿no viste nada? Una liebre cruzó el camino entre las patas de tu caballo. Está escrito.

—Carmencita ¿ya no me quieres?

No responde.

—Cambiemos de vida, Carmen. Vamos a vivir a algún lugar donde nunca nos separemos. Sabes que tenemos cerca de aquí, bajo un roble, ciento veinte onzas enterradas; además tenemos todavía fondos con el judío Ben-Joseph.

Se pone a sonreír y me dice:

—Yo primero, tú después, sé que debe suceder así.

—Reflexiona. Estoy al borde de mi paciencia y de mi coraje.

Elige o seré yo quien elija.

La dejo allí y me voy a pasear por los alrededores de la ermita.

Al volver no esperaba ver a Carmen... podía haber cogido mi caballo y marcharse... pero la encuentro allí. Está tan ocupada con su magia, que no se da cuenta de mi regreso. Tan pronto coge un trozo de plomo y lo hace girar en todas direcciones con aspecto triste, como se pone a cantar alguna de sus canciones mágicas.

—Carmen, ¿quieres venir conmigo?

Se levanta, se pone la mantilla sobre la cabeza, como dispuesta a partir. Me traen mi caballo, sube a la grupa y partimos.

—Así que, Carmencita mía —le digo después de largo trecho de camino— quieres venir conmigo ¿verdad?

—Te sigo a la muerte, sí, pero ya no viviré contigo.

Nos encontramos en un desfiladero solitario; detengo mi caballo.

—¿Es aquí? —dice.

De un salto se pone en el suelo, y me dice mirándome fijamente:

—Quieres matarme, ya lo veo —dice— pero no me harás ceder.

—Te lo ruego —le digo— sé razonable. Todo el pasado está olvidado. Sin embargo, bien lo sabes, eres tú quien me ha perdido. Por tu causa me he convertido en un ladrón y en un asesino. ¡Carmen! ¡Carmen mía! ¡Déjame salvarte y salvarme contigo!

—José —responde— me pides lo imposible. Ya no te amo, tú me amas todavía y por eso quieres matarme. Todo ha terminado entre nosotros. Carmen será siempre libre. Calé [1] nació y calé morirá.

---

1. **calé** : gitana.

 Carmen

—Entonces ¿amas a Lucas?

—Sí, le he amado. En este momento no amo a nadie, y me odio por haberte amado.

Me pongo a sus pies. Le tomo las manos, bañándolas con mis lágrimas. Le recuerdo todos los momentos de felicidad que hemos pasado juntos. Le propongo continuar con mi vida de bandolero para estar junto a ella.

Me dice:

—Seguir amándote es imposible y no quiero vivir contigo.

La furia se apodera de mí. Saco mi cuchillo.

—Por última vez ¿quieres venir conmigo?

—¡No, no y no!, —dice golpeando el suelo con el pie. Saca del dedo un anillo que le había regalado y lo lanza entre los matorrales[1].

La apuñalo dos veces con el cuchillo del Tuerto. Cae al segundo golpe sin gritar. Me parece ver todavía sus grandes ojos negros mirándome fijamente; después se enturbian y se cierran... permanezco anonadado durante más de una hora ante el cadáver.

Después, recuerdo que Carmen me había dicho varias veces, que quería ser enterrada en un bosque. Cavo una fosa y la deposito allí. Busco durante largo rato el anillo y finalmente lo encuentro. Lo pongo en la fosa junto a ella con una pequeña cruz.

A continuación, monto sobre el caballo, parto hacia Córdoba, y en el primer cuerpo de guardia me entrego; les digo que he matado a Carmen, pero no quiero decirles dónde se encuentra su cuerpo.

---

1. **matorral** : bosque bajo, arbustos.

① Vocabulario

Lee el texto y elige la palabra conveniente (A, B, C o D) para cada espacio.

1 .... volver, no esperaba ver a Carmen... podía haber cogido mi caballo y marcharse...

2 .... la encuentro allí. Está tan ocupada con su magia, que no se da cuenta de mi regreso. **3** .... coge un trozo de plomo y lo hace girar en todas direcciones con aspecto triste, como se pone a cantar alguna de sus canciones mágicas.

—Carmen, ¿quieres venir conmigo?

Se levanta, se pone la mantilla sobre la cabeza, como dispuesta a partir. Me traen mi caballo, sube a la grupa y partimos.

—Así que, Carmencita mía —le digo después de largo **4** .... de camino— quieres venir conmigo ¿verdad?— Te sigo a la muerte, sí, pero ya no viviré contigo.

Nos encontramos en un desfiladero solitario; detengo mi caballo.

¿Es aquí? —dice.

De un salto se pone en el suelo, y me dice, **5** .... fijamente.

—Quieres **6** .... , ya lo veo —dice- pero no me harás ceder.

—Te lo ruego —le digo— sé **7** .... Todo el pasado está olvidado. Sin embargo, bien lo sabes, eres tú quien me ha perdido. Por tu causa me he convertido en un ladrón y en un asesino. ¡Carmen! ¡Carmen mía! ¡Déjame salvarte y salvarme contigo!

—José —responde— me pides lo **8** .... Ya no te amo, tú me amas todavía y por eso quieres matarme. Todo ha terminado entre nosotros. Carmen será siempre **9** .... *Calé* nació y *calé* morirá.

—Entonces ¿amas a Lucas?

—Sí, le he amado. En este momento no amo a **10** ...., y me odio por haberte amado.

1	**A** al	**B** de	**C** cuando	**D** en el
2	**A** pese a	**B** empero	**C** pero	**D** más
3	**A** ya	**B** ora	**C** de pronto	**D** tan pronto
4	**A** espacio	**B** recorrido	**C** extensión	**D** trecho
5	**A** mirando	**B** al mirar	**C** mirándome	**D** en mirando
6	**A** exterminarme	**B** masacrarme	**C** asesinarme	**D** matarme

7	**A** buena	**B** sensata	**C** justa	**D** razonable
8	**A** inadmisible	**B** improbable	**C** imposible	**D** irrealizable
9	**A** franca	**B** libre	**C** espontánea	**D** instintiva
10	**A** nada	**B** ninguno	**C** nadie	**D** alguno

2 Comprensión auditiva

Escucha la grabación del capítulo, y señala la respuesta correcta.

1. Hacia las dos de la madrugada Carmen regresa y está
   - a. ☐ contenta de ver a Don José.
   - b. ☐ extrañada de ver a Don José.
   - c. ☐ sorprendida de ver a Don José.

2. Cabalgan durante toda la noche, y al amanecer se paran delante de
   - a. ☐ una ermita.
   - b. ☐ una venta.
   - c. ☐ un pueblo.

3. Carmen mira fijamente a Don José y le dice:
   - a. ☐ "La primera vez que te vi acababa de ver una liebre".
   - b. ☐ "La primera vez que te vi acababa de ver un caballo".
   - c. ☐ "La primera vez que te vi acababa de ver a un cura".

4. Don José se aleja de Carmen y va a pasear por
   - a. ☐ la ermita.
   - b. ☐ el pueblo.
   - c. ☐ la venta.

5. Carmen lanza el anillo que Don José le había regalado
   - a. ☐ a la fuente.
   - b. ☐ al río.
   - c. ☐ a los matorrales.

3 **Escucha de nuevo el capítulo y señala las frases que oyes.**

1. a. ☐ De acuerdo —dice—, vámonos.

　　b. ☐ De acuerdo —dice—, vamos.

2. a. ☐ yo primero, tú después.

　　b. ☐ tú primero, yo después.

3. a. ☐ seguir amándote es posible y quiero vivir contigo.

　　b. ☐ seguir amándote es imposible y no quiero vivir contigo.

4. a. ☐ la apuñalo tres veces con el cuchillo del Tuerto.

　　b. ☐ la apuñalo dos veces con el cuchillo del Tuerto.

La acción inmediata

El verbo **ir + a** delante de un infinitivo indica que se trata de un plan o de un proyecto inmediato.

　　Voy a *coger el tren de Madrid.*

La locución **estar a punto de** + infinitivo se emplea con valor de futuro inminente.

　　Estoy a punto de *coger el tren de Madrid.*

Tratándose de personas o cosas, estar a punto de llegar, sobrevenir o suceder, se puede indicar también con la locución: **estar al caer**

　　¿Ha llegado papá?
　　Está al caer. (Está a punto de llegar. Futuro inminente)

Acabar de + infinitivo indica un pasado inmediato.

　　Acabo de *coger el tren de Madrid.*

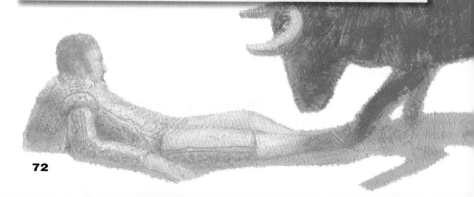

4 Producción escrita

Escribe una tarjeta postal a tu amiga para contarle todo lo que has hecho durante las vacaciones.

Madrid, 5 Abril

Querida Isabel,

Tarjeta postal – Correo de España

Hasta pronto

5 Producción oral

Después de tu regreso de las vacaciones, llamas por teléfono a tu amiga Isabel. Os contáis vuestros proyectos inmediatos. Establece un diálogo telefónico con tu compañero de clase. Utiliza el futuro inminente y el futuro inmediato.
Puedes utilizar:

¿Dígame? ¿Con quién hablo? ¿Qué tal? ¿Cómo estás?
¿Qué piensas hacer este verano? Besitos Hasta mañana

La corrida

La corrida de toros alcanza su forma actual en el siglo XVIII. Se hace menos violenta. La ejecución final del toro se hace con espada. Los caballos están protegidos.

El combate tiene lugar en tres *tercios* de cinco minutos cada uno.

La corrida comienza en el momento en que el presidente da la señal. Anunciados por una trompeta, dos caballeros entran en la plaza. Tras ellos, al compás de un *pasodoble* aparece la procesión de toreros que hacen el *paseíllo*.

Los *matadores* van en primer lugar, seguidos de sus cuadrillas respectivas (su equipo de auxiliares, compuesto por tres *banderilleros* y dos *picadores*).

La *verónica* es uno de los pases más bonitos.

La música, generalmente pasodobles, acompaña la corrida, excepto en el momento de matar al toro.

1er *tercio*: el picador sobre su caballo pica al toro.

2do *tercio*: los *banderilleros* entran en escena para clavar las *banderillas* al toro.

3er *tercio*: es el punto culminante de la corrida, la ejecución del toro por el *matador*.

Si el combate ha sido honorable, el público aclama al *torero* y le puede premiar con una oreja, dos orejas e incluso con el rabo, si el combate ha sido excepcional.

El peso mínimo de un toro para las dimensiones de una plaza de toros como la de Madrid, es de 469 Kg y debe tener al menos cinco años de edad.

Los amantes de los toros se llaman *aficionados*. El público participa activamente en la corrida. Es él quien insta al presidente de la plaza a dar la recompensa al *torero*.

La plaza de toros de *La Maestranza*

La plaza de la *Maestranza* de Sevilla, debe su nombre a la *Real Maestranza de Caballería*, que es su propietaria y que patrocina además la escuela de Tauromaquia de Sevilla, que forma a los jóvenes valores.

El edificio actual data de 1761, y se debe al arquitecto Vicente San Martín. Se levanta sobre lo que fue en Sevilla el coso llamado *El Baratillo*, de madera y cuadrilongo.

El coso maestrante actual cuenta con capacidad para 12.500 localidades.

En la fachada principal, que se encuentra en el paseo de Colón, junto al río Guadalquivir, está la puerta del Príncipe, decorada con

Plaza de toros de *La Maestranza*.

mármol y una verja del siglo XVII, procedente de un convento desaparecido.

El interior de la plaza, que puede visitarse, presenta una espléndida galería de arcos de medio punto, un palco Real y una serie de pasillos y corredores de gran atractivo.

El palco real fue diseñado durante el siglo XVIII por Sebastián Van der Borcht. Se trata de un espacio cuadrado con cuatro arcos. Está rematado por un grupo escultórico, obra del escultor lusitano Cayetano de Acosta, autor también de la diosa Fama, que se encuentra en la fachada principal de la *Fábrica de Tabacos*, hoy *Universidad de Sevilla*.

La principal característica de la plaza es su forma ovalada. Consta de enfermería, cuadras, capilla y estancias para los toreros.

A principios del siglo XX, el arquitecto regionalista sevillano Aníbal González, que trató de crear un estilo sevillano mediante una combinación de estilos, gótico, renacentista y mudéjar, la restauró.

Carmen
De la novela al libreto

Ópera cómica en cuatro actos
basada en la novela de

Prosper Mérimée

por   y

Henry Meilhac   *Ludovic Halévy*

Música de

Georges Bizet

Personajes

Carmen	Frasquita	Lillas Pastia
Don José	Mercedes	Remendado
Escamillo	Zúñiga	Morales
Micaela	Dancaire	

Henry Meilhac (Paris 1831-1897) y Ludovic Halévy (Paris 1834-1908), son dos autores dramáticos franceses que han escrito numerosas Operetas, de las que Offenbach compuso la música, durante los años más brillantes del Segundo Imperio. Basándose en la novela *Carmen* de Prosper Mérimée, escriben el libreto del mismo nombre.

Georges Bizet (1838-1875)

Georges Bizet nace en París en 1838, en una familia de músicos. Entra a los nueve años en el Conservatorio, donde se distingue por su talento precoz. Después de realizar brillantes estudios, consigue el primer premio de Roma en 1857. Este compositor es conocido sobre todo por sus

Georges Bizet
por Albert Eichon.

óperas y óperas cómicas, en particular *Le pêcheur de perles*, *La jolie fille de Perth*, *Djamileh* y sobre todo *Carmen*, ópera cómica compuesta en 1875, algunos meses antes de su muerte, considerada su obra maestra.

Conviene recordar también *La Symphonie en ut* y *Jeux d'enfants*, doce piezas para piano a cuatro manos, así como la célebre música de *L'Arlésienne*.

Carmen

El libreto de la ópera cómica *Carmen,* lo escribieron Meilhac y Halévy a partir de la novela de Prosper Mérimée; Georges Bizet compuso la música.

Representada por primera vez en 1875, *Carmen* tiene al principio poco éxito, pero más tarde llega a ser una de las obras líricas francesas más populares del mundo.

Carmen determina la ruptura con la tradición del melodrama francés por varias razones: no hay un final feliz como lo quiere la ópera cómica, tiene un realismo inesperado, y la figura de la protagonista es muy peculiar.

De la novela al libreto

Los dos libretistas modifican el argumento de la novela, para hacerla más conforme a las reglas del buen gusto del teatro de la época: han atenuado los matices violentos, como los episodios en los que hay derramamiento de sangre, los que son demasiado crueles o demasiado sensuales; algunos personajes desaparecen, otros, como el torero Escamillo y Micaela, hacen su aparición. Pero te toca a ti, lector, descubrir lo que diferencia la novela del libreto.

Y ahora vamos a estudiar el argumento de la Ópera, pero antes tenemos que acostumbrarnos al vocabulario.

1 Asocia cada palabra a la definición que le corresponde.

1. ☐ Ópera cómica   ☐ Ópera
   ☐ Gran Ópera   ☐ Opereta

a. Obra dramática musical, sin diálogo hablado, compuesta de recitativos, arias, coros, y a veces danzas, con acompañamiento de orquesta.

b. Obra dramática musical, de argumento trágico, sin diálogo hablado, compuesta de recitativos, arias, coros, y a veces, de danzas con acompañamiento de orquesta.

c. Drama lírico, generalmente sin recitativos, compuesto de arias cantadas, con acompañamiento de orquesta, que alterna a veces con diálogos hablados.

d. Ópera corta cuyo argumento y estilo, ligeros y fáciles, se toman prestados de la comedia.

2. ☐ Coro   ☐ Coreografía
   ☐ Prima donna   ☐ Diva

a. Famosa cantante de Ópera.

b. Primera y principal cantante de una Ópera.

c. Arte de describir en el papel una danza, por medio de signos.

d. Conjunto de personas reunidas para cantar.

3. ☐ patio de butacas   ☐ escena   ☐ éxito
   ☐ aplaudir   ☐ público   ☐ bastidores
   ☐ preludio   ☐ telón   ☐ pareja
   ☐ ovación

a. Manifestación ruidosa de aprobación.

b. El hecho de agradar.

c. En los teatros, planta baja que ocupan las butacas.

d. Introducción sinfónica de una Ópera.

e. Persona que se asocia con otra, por ejemplo para bailar.

f. Lienzo grande que se pone en el escenario de un teatro que puede bajarse y subirse.

g. Piezas con que se forma la decoración lateral en el escenario del teatro.

h. El conjunto de gente que presencia un espectáculo.

i. Palmotear en señal de aprobación.

j. Parte del teatro en la que se ejecuta la obra.

2 **Completa el texto siguiente con la ayuda de las palabras que acabas de estudiar.**

El **1** .... se levanta, se escucha el **2** .... de la **3** .... *Carmen*. El **4** .... guarda silencio.

Tras los **5** ...., la **6** .... debe concentrarse y conservar en su memoria toda la melodía, todas las palabras y todos los gestos. Su corazón late fuertemente, está a punto de salir a **7** .... y mira con inquietud detrás del **8** ....

A medida que los actos se van sucediendo, los espectadores se extasían.

La **9** .... expresa con pasión los sentimientos de Carmen.

Su **10** .... Don José también. La **11** .... de los bailarines es magnífica.

Y cuando llega el final de la obra, es la explosión, el **12** ...., **13** .... con entusiasmo. Una vez más, Carmen ha tenido un éxito sin precedentes.

El gran teatro
del Liceo

El teatro del Liceo se encuentra en Barcelona, ciudad en la que la tradición operística se remonta a los tiempos del Archiduque Carlos de Austria, el cual durante la guerra de Sucesión (1702-1711), establece en Barcelona una pequeña corte.

El Liceo nace en 1837, cuando la sociedad dramática de aficionados crea en el convento de Montsió, el Liceo Filarmónico Dramático de S.M. Isabel II. Esta institución, pretende promover la enseñanza musical, así como organizar representaciones, tanto de teatro como de Ópera. Pronto el convento queda pequeño, así que diez años más tarde, se compra el convento de los Trinitarios y los locales

próximos, donde se construye el nuevo edificio que albergará la Institución Filarmónica con sus cátedras docentes y un gran teatro en el mismo emplazamiento actual, la Rambla de las Flores, en pleno centro de la ciudad.

Su arquitecto, Miguel Garriga y Roca, decide crear un edificio que responda a las formas canónicas de los teatros italianos, o sea, con la planta de la sala en arco de herradura, con patio de butacas y seis pisos. En aquel momento el Liceo era el teatro más grande de Europa, con capacidad para 4.000 personas. Una historia de incendios y desgracias ha acompañado a este teatro desde sus orígenes. El último incendio fue en 1994. Con la última reconstrucción, la tradición se une a la tecnología, y tras el telón, se esconde una obra de arte de ingeniería. Este nuevo teatro para el siglo XXI, convierte a Barcelona en un centro de cultura y expresión artística mundial.

1 Comprensión lectora

Di si las afirmaciones siguientes son verdaderas (V) o falsas (F).

	V	F
1. El teatro del Liceo se encuentra en Badalona.	☐	☐
2. La tradición operística de la ciudad se remonta al siglo XVII.	☐	☐
3. El teatro del Liceo nace en el siglo XIX.	☐	☐
4. El teatro del Liceo se encuentra en el centro de la ciudad.	☐	☐
5. Su planta tiene forma de herradura.	☐	☐
6. El teatro del Liceo ha sufrido varios incendios.	☐	☐

Resumen de la Ópera

Acto primero
Una plaza de Sevilla

Una joven de Navarra, Micaela, se aproxima al cuerpo de guardia y pregunta por un brigadier llamado Don José, un amigo de la infancia con el que está prometida. Le dicen que regrese más tarde para el cambio de guardia. En ese momento, las cigarreras salen de la manufactura y se dispersan entre los soldados. Entre ellas se encuentra Carmen, una hermosa gitana, que inmediatamente es cortejada por los hombres. Pero la joven Carmen ha notado a Don José, y después de haber bailado y cantado una canción provocativa, le lanza la flor que lleva en el escote. Don José queda cautivado. Poco después, regresa Micaela quien trae a su prometido noticias y una carta de su madre.

El joven, emocionado, está a punto de olvidar el incidente con la bella gitana, cuando se oye un estrépito tremendo en la manufactura. Es Carmen, que en el transcurso de una disputa, ha herido a una de sus compañeras. Zúñiga, oficial de servicio, la hace arrestar y se la confía a Don José para que la lleve a la prisión. Pero Carmen, una vez a solas con él, le seduce con el fin de obtener la libertad. Don José acepta incluso una cita en la taberna de Lillas Pastia. Carmen consigue escapar.

Acto segundo
La taberna de Lillas Pastia

Carmen canta y baila para un grupo de oficiales. Entre ellos se encuentra Zúñiga, que ha hecho arrestar a Don José, quien ahora forma parte, él también, del grupo de pretendientes de Carmen. En ese momento, entra el torero Escamillo, seguido por sus admiradores. El torero se enamora igualmente de Carmen, pero sin ningún éxito. Después de la marcha del torero y de los oficiales, Dancaire y Remendado, dos contrabandistas de la banda de la que forma parte Carmen, intentan persuadirla para que vuelva al contrabando, pero Carmen rechaza la proposición: está esperando a Don José, que esa noche debe salir de la prisión, arrestado por haber consentido su huida. Don José hace su aparición. Carmen baila y canta para él y le obliga a quedarse, cuando él quiere volver al cuartel para la revisión. Carmen le invita a unirse a los contrabandistas. Entonces llega Zúñiga, que alterado al verlos juntos, ordena a Don José que se marche. Este se niega a partir y desenvaina su espada, los contrabandistas intervienen y obligan a los oficiales a salir. Después de este incidente, a Don José no le queda más remedio que seguir a los contrabandistas por las montañas acompañado de Carmen.

Acto tercero
Un largo viaje por las montañas

Es de noche. Junto a una hoguera algunos gitanos duermen al raso. Don José, inquieto, piensa en su madre, lleno de remordimientos. Carmen ya se ha cansado de él y piensa en Escamillo como nuevo amante. Presentimientos oscuros agitan el alma de la gitana, que intenta leer su destino en las cartas junto a sus amigas Frasquita y Mercedes. Se siente dominada por un destino fatal y no quiere hacer nada para oponerse a él. Don José, que ama con locura a Carmen y que ha arruinado su vida por ella, tiene una violenta disputa con Escamillo, que ha llegado hasta allí para verla. Los dos hombres se pelean con un cuchillo, Carmen los separa. Escamillo se aleja de allí despechado. Micaela, escondida entre los matorrales, lo ha visto todo y suplica a su prometido que la siga, ya que su madre se está muriendo y reclama la presencia de su hijo. Don José sigue a Micaela roto por el dolor y los celos.

Acto cuarto
En Sevilla, frente a la plaza de toros

La gente aclama a Escamillo cuando se dirige a la corrida. El torero llega acompañado de Carmen, magníficamente vestida. Frasquita y Mercedes advierten a su amiga de la presencia de Don José por los alrededores, pero Carmen no teme a su antiguo amante, se queda sola con él y le demuestra su desdén. En vano el joven le muestra de nuevo su pasión y sus celos, suplicándole que vuelva con él. Carmen se niega: todo ha terminado entre ellos. Entonces le arroja a los pies un anillo que le había regalado. Loco de dolor, Don José se lanza sobre ella y la apuñala.

Desde la plaza de toros se oyen las aclamaciones por la victoria de Escamillo, mientras Don José llora sobre el cuerpo de su amada.

Actos 1 y 2

Lee el resumen de los actos 1 y 2 y haz los ejercicios siguientes:

1 **Comprensión lectora**
Une el inicio con el final correspondiente de cada frase.

1. en ese momento las cigarreras salen
de la manufactura
2. pero la joven ha notado a Don José
3. Entre ellos se encuentra Carmen, una gitana
4. Una joven de Navarra, Micaela
5. Le dicen que vuelva más tarde

a. ☐ para el cambio de guardia
b. ☐ y se dispersan entre los soldados
c. ☐ y le lanza la flor que lleva en el escote
d. ☐ se acerca al cuerpo de guardia y pregunta
por el brigadier Don José, un compañero
de infancia con quien se ha prometido
e. ☐ quien inmediatamente es cortejada por
los hombres por su belleza

2 **Vocabulario**
Encuentra los sinónimos.

1. fábrica = ...
2. brigadier = ...
3. carta = ...
4. al raso = ...
5. incidente = ...

3 Producción oral

¿Qué representa para ti el amor? ¿Puedes describir ese sentimiento?
Expresa tu opinión.

....

....

....

¿Cómo te imaginas a Carmen?

....

....

....

¿Crees que la maldad atrae más que la bondad? Explica tu punto de
vista.

....

....

....

4 Elige la respuesta correcta.

Carmen canta y baila *por / para /con* un grupo de oficiales. *Entre / por /
con* ellos se encuentra Zúñiga, quien ha hecho *arrestado / arrestaba /
arrestar* a Don José, el cual ahora forma parte, él *además / también /
conjuntamente*, del grupo de pretendientes de Carmen. Poco *detrás/
después / ulteriormente* entra el torero Escamillo, seguido por sus
admiradores. Escamillo se enamora de *rápido / inmediato / improviso*
de Carmen pero sin ningún éxito. Después de la marcha del torero y de
los oficiales, Dancaire y Remendado, dos contrabandistas del grupo
del que forma parte Carmen, intentan persuadirla para volver al
contrabando, pero Carmen rechaza la proposición, ya que está
esperando a Don José; esa noche debe salir de la prisión, arrestado por

haber consentido su huida.

Don José hace su aparición, Carmen baila y canta para él, le obliga a quedarse cuando él quiere volver al *campamento / fortín/ cuartel* y le invita a unirse a los contrabandistas.

En ese momento regresa Zúñiga, que alterado al verles juntos, ordena la marcha de Don José. Este se niega a partir y desenvaina la espada. Los contrabandistas intervienen y obligan a los oficiales a salir.

Después de este *incidente / suceso / accidente* a Don José no le queda más alternativa que seguir a los contrabandistas por las montañas en compañía *de /con/ de la* Carmen.

3 **Producción escrita**

Haz como en el ejemplo:

1838 — nacimiento de Georges Bizet

1848 — entrada en el conservatorio

1857 — obtención del Gran premio de Roma

1872 — composición de *La Arlesiana*

1874 — composición de *Carmen*

1875 — muerte de Georges Bizet

Georges Bizet nace en 1838,
en 1848 ....

....

....

....

....

....

....

....

....

Actos 3 y 4

Lee el resumen del tercer y cuarto acto y haz los ejercicios siguientes:

1 Comprensión lectora
Di si las afirmaciones siguientes son verdaderas (V) o falsas (F).

	V	F
1. Es de día. Junto al fuego, algunos gitanos bailan.	☐	☐
2. Don José piensa en su madre, lleno de felicidad.	☐	☐
3. Carmen intenta leer su destino en el poso del café.	☐	☐
4. Carmen se siente dominada por un destino fatal.	☐	☐
5. Don José tiene una violenta disputa con Escamillo.	☐	☐
6. Los dos hombres se pelean con un fusil en la mano.	☐	☐
7. Micaela suplica a su prometido que la siga.	☐	☐
8. Don José no sigue a Micaela.	☐	☐

2 Producción escrita
Escribe tres acontecimientos comunes en la novela y en la Ópera.

....

....

....

3 Escribe tres acontecimientos diferentes en la Ópera.

....

....

....

4 Producción oral
Después de haber leído el resumen de la Ópera, ¿qué personajes desaparecen?¿Qué nuevos personajes se introducen?
¿Cuál de los dos argumentos prefieres? Justifica tu respuesta.

5 Vocabulario

Completa el texto siguiente con una de las tres opciones propuestas.

Es de **1** .... Junto al fuego algunos hombres duermen.
Don José, inquieto, piensa en **2** .... lleno de remordimientos.
Carmen se ha cansado de él y piensa en Escamillo como su nuevo
3 .... Presentimientos oscuros agitan el alma de la gitana, que
intenta leer su **4** .... en las cartas, con sus amigas Frasquita y
Mercedes. Carmen se siente dominada por un destino fatal y no quiere
hacer nada para oponerse a él. Don José, que está locamente
enamorado de ella, y por la cual ha destruido su vida, tiene una
violenta **5** .... con Escamillo, que ha venido a la **6** ....
para verla. Los dos hombres se pelean con el cuchillo en la mano.
Carmen los separa. Escamillo se aleja del lugar despechado.
Micaela, escondida en **7** .... ve todo y suplica a su prometido
que la siga, pues su madre está muy enferma y reclama la presencia de
su **8** .... Don José sigue a Micaela roto por la **9** .... y el
10 ....

1. **A** día   **B** noche   **C** mañana

2. **A** Micaela   **B** Carmen   **C** su madre

3. **A** amigo   **B** esposo   **C** amante

4. **A** destino   **B** hado   **C** futuro

5. **A** ruptura   **B** disputa   **C** discusión

6. **A** colina   **B** montaña   **C** llanura

7. **A** la maleza   **B** el bosque   **C** los matorrales

8. **A** niño   **B** hijo   **C** chico

9. **A** angustia   **B** pena   **C** tristeza

10. **A** temor   **B** dolor   **C** sufrimiento

1 Describe los sentimientos que Don José experimenta a lo largo de toda la historia ayudándote de la lista siguiente:

> satisfacción   placer   felicidad   alegría
> tristeza   orgullo   celos   decepción
> desesperación   odio   indiferencia

Empieza por:

1. Al principio, al conocer a Carmen, estaba...
2. Esta relación me hacía...
3. Después experimenté...
4. Finalmente sentí...

2 Completa el cuadro siguiente. Di dónde tiene lugar la acción (¿Dónde?), en qué momento (¿Cuándo?), quiénes son los protagonistas (¿Quién?), y cuál es la causa de su conducta (¿Por qué?).

	¿Dónde?	¿Cuándo?	¿Quién?	¿Por qué?
Capítulo 1				
Capítulo 2				
Capítulo 3				
Capítulo 4				
Capítulo 5				

3 Di si las afirmaciones siguientes son verdaderas (V) o falsas (F).

	V	F
1. Mérimée se encuentra en España para realizar investigaciones de tipo arqueológico.	☐	☐
2. José Navarro y Mérimée se conocen desde hace tiempo.	☐	☐
3. Mérimée ayuda a José Navarro a huir.	☐	☐
4. Carmen es una gitana.	☐	☐
5. Carmen mata a una persona en la fábrica de tabacos.	☐	☐
6. Carmen se convierte en la *romi* de Don José.	☐	☐
7. Mérimée se convierte en contrabandista.	☐	☐
8. Carmen quiere ir a América.	☐	☐
9. Carmen mata a Don José.	☐	☐
10. Antes de morir, Carmen lanza a los matorrales una sortija, regalo de Don José.	☐	☐
11. En Sevilla se han realizado Exposiciones Universales.	☐	☐
12. La *Feria de Abril* es una antigua Feria de ganado.	☐	☐
13. La corrida es un espectáculo durante el cual se mata a un toro.	☐	☐
14. La *Feria* marca el inicio de la estación taurina.	☐	☐
15. La mantilla pertenece a la tradición árabe.	☐	☐
16. La mantilla fue un símbolo de descontento hacia el rey Amadeo de Saboya.	☐	☐
17. Los de Blonda y Chantilly son los tipos de encaje menos utilizados.	☐	☐
18. La corrida empieza con una señal del presidente.	☐	☐
19. Cuando se mata al toro no hay música.	☐	☐
20. La opinión del público que participa en la corrida no se toma en consideración.	☐	☐
21. La Plaza de *La Maestranza* tiene forma ovalada.	☐	☐
22. El interior de la plaza no se puede visitar.	☐	☐

4 ¿Quién dice qué? Relaciona las letras con los números.

a. Prosper Mérimée

b. Don José

c. Carmen

d. Antonio

e. Dancaire

f. García el tuerto

1. ☐ Siempre he pensado que me matarías. La primera vez que te vi, acababa de encontrar a un cura a la puerta de mi casa. Y esa noche, al salir de Córdoba, ¿no viste nada? Una liebre cruzó el camino entre las patas de tu caballo. Está escrito.

2. ☐ Muy hábil será el que le reconozca ahora.

3. ☐ Vamos a tener otro camarada, Carmen acaba de hacer una de sus mejores jugadas. Acaba de hacer escapar a su *rom*, que estaba en el presidio de Tarifa.

4. ☐ Soy un pobre diablo, señor, y doscientos ducados ¡no son para perderlos!

5. ☐ Miente, señor, miente siempre, pero es más fuerte que yo, cuando habla, creo todo lo que me dice. Y ese día estoy dispuesto a hacer tonterías.

6. ☐ Conozco lo suficiente el carácter español para estar seguro de no tener nada que temer de un hombre que ha comido y fumado conmigo.

5 **Aquí tienes en desorden el resumen de la Ópera.**
Ordénalo utilizando los números del 1 al 10 en la casilla correspondiente

a. ☐ Pero Carmen, una vez a solas con él, le seduce con el fin de obtener la libertad. Don José acepta incluso una cita en la taberna de Lillas Pastia. Carmen consigue escapar.
Carmen canta y baila para un grupo de oficiales. Entre ellos se encuentra Zúñiga, que ha hecho arrestar a Don José quien ahora forma parte, él también, del grupo de pretendientes de Carmen. En ese momento, entra el torero Escamillo, seguido por sus admiradores. El torero se enamora igualmente de Carmen, pero sin ningún éxito.

b. ☐ Carmen le invita a unirse a los contrabandistas. Entonces llega Zúñiga, que alterado al verlos juntos, ordena a Don José que se marche. Este se niega a partir y desenvaina su espada, los contrabandistas intervienen y obligan a los oficiales a salir. Después de este incidente, a Don José no le queda más remedio que seguir a los contrabandistas por las montañas acompañado de Carmen.

c. ☐ Poco después, regresa Micaela quien trae a su prometido noticias y una carta de su madre.
El joven, emocionado, está a punto de olvidar el incidente con la bella gitana, cuando se oye un estrépito tremendo en la manufactura. Es Carmen, que en el transcurso de una disputa, ha herido a una de sus compañeras. Zúñiga, oficial de servicio, la hace arrestar y se la confía a Don José para que la lleve a la prisión.

d. ☐ Entre ellas se encuentra Carmen, una hermosa gitana, que inmediatamente es cortejada por los hombres. Pero la joven Carmen ha notado a Don José, y después de haber bailado y cantado una canción provocativa, le lanza la flor que lleva en el escote. Don José queda cautivado.

e. ☐ Después de la marcha del torero y de los oficiales, Dancaire y Remendado, dos contrabandistas de la banda de la que forma parte Carmen, intentan persuadirla para que vuelva al contrabando, pero Carmen rechaza la proposición: está esperando a Don José; esa noche debe salir de la prisión, arrestado por haber consentido su huida. Don José hace su aparición. Carmen baila y canta para él y le obliga a quedarse, cuando él quiere volver al cuartel para la revisión.

f. ☐ Es de noche. Junto a una hoguera, algunos gitanos duermen al raso. Don José, inquieto, piensa en su madre, lleno de remordimientos. Carmen ya se ha cansado de él y piensa en Escamillo como nuevo amante. Presentimientos oscuros agitan el alma de la gitana, que intenta leer su destino en las cartas junto a sus amigas Frasquita y Mercedes. Se siente dominada por un destino fatal y no quiere hacer nada para oponerse a él

g. ☐ Las gentes aclaman a Escamillo cuando se dirige a la corrida. El torero llega acompañado de Carmen, magníficamente vestida. Frasquita y Mercedes advierten a su amiga de la presencia de Don José por los alrededores, pero Carmen no teme a su antiguo amante, se queda sola con él y le demuestra su desdén.

h. ☐ Don José, que ama con locura a Carmen y que ha arruinado su vida por ella, tiene una violenta disputa con Escamillo, que ha llegado hasta allí para verla. Los dos hombres se pelean con un cuchillo, Carmen los separa. Escamillo se aleja de allí despechado. Micaela, escondida entre los matorrales, lo ha visto todo y suplica a su prometido que la siga, ya que su madre se está muriendo y reclama la presencia de su hijo. Don José sigue a Micaela roto por el dolor y los celos.

i. ☐ Una joven de Navarra, Micaela, se aproxima al cuerpo de guardia y pregunta por un brigadier llamado Don José, un amigo de la infancia con el que está prometida. Le dicen que regrese más tarde para el cambio de guardia. En ese momento, las cigarreras salen de la manufactura y se dispersan entre los soldados.

j. ☐ En vano el joven le muestra de nuevo su pasión y sus celos, suplicándole que vuelva con él. Carmen se niega: todo ha terminado entre ellos. Entonces ella le arroja a los pies un anillo que le había regalado. Loco de dolor, Don José se lanza sobre ella y la apuñala. Desde la plaza de toros se oyen las aclamaciones por la victoria de Escamillo, mientras Don José llora sobre el cuerpo de su amada.